Corporate Identity. Die Unternehmensdarstellung der Adidas AG

Tobias Kraatz

Bibliografische Information der Deutschen Nationalbibliothek:

Die Deutsche Nationalbibliothek verzeichnet diese Publikation in der Deutschen Nationalbibliografie; detaillierte bibliografische Daten sind im Internet über http://dnb.d-nb.de abrufbar.

ISBN: 9783346589682
Dieses Buch ist auch als E-Book erhältlich.

Druck und Bindung: Books on Demand GmbH, Norderstedt Germany
Gedruckt auf säurefreiem Papier aus verantwortungsvollen Quellen

Das vorliegende Werk wurde sorgfältig erarbeitet. Dennoch übernehmen Autoren und Verlag für die Richtigkeit von Angaben, Hinweisen, Links und Ratschlägen sowie eventuelle Druckfehler keine Haftung.

Das Buch bei GRIN: https://www.grin.com/document/1167133

Projektarbeit

Name, Vorname	Kraatz, Tobias
Modul	Interdisziplinär
Studiengang	Sportökonomie
Studienort	Stuttgart

*gemäß Auslosung Präsenzphase

Inhaltsverzeichnis

1   A1: TEAMARBEIT 3

1.1   Standortbestimmung und Unternehmensform 3

1.2   Corporate Identity 5

1.3   Teamentwicklung 7

2   A2: SPORTMANAGEMENT 9

2.1   Unternehmensporträt der Adidas AG 9

2.2   Aufgaben- und Anforderungsprofil an Sportökonomen/-Manager 12

2.3   SWOT-Analyse 13

2.4   Quantitative und qualitative Oberziele der Adidas AG 13

2.5   Unterziele der Adidas AG für das kommende Geschäftsjahr 14

3   LITERATURVERZEICHNIS 15

4   ABBILDUNGS- UND TABELLENVERZEICHNIS 16

4.1   Abbildungsverzeichnis 16

4.2   Tabellenverzeichnis 16

1 A1: Teamarbeit

Ausgangssituation der Aufgabenstellung ist ein Zusammenschluss von Sportökonomen, die ihre Dienste im Sinne einer Unternehmensberatung verschiedenen nationalen Institutionen im Sport bereitstellen. Im ersten Schritt werden der Standort und die Unternehmensform dargestellt. Der nachfolgende Gliederungspunkt befasst sich mit der Corporate Identity (CI) der Unternehmensberatung. Die CI wird im vorliegenden Fall durch den Namen, das Logo (inklusive Farbdesign) und den Slogan abgebildet. Im letzten Schritt werden mit Hilfe des Teamentwicklung-Phasenmodells nach Tuckman Fragestellungen erarbeitet, die bei der Einordnung der Teamsituation in den jeweiligen Teamentwicklungsgrad helfen sollen.

1.1 Standortbestimmung und Unternehmensform

<u>Standortwahl</u>

Tabelle 1: Standortbestimmung der Unternehmensberatung (eigene Darstellung)

Standort	Domagkstraße 33, 80807 München
Beschreibung	<ul><li>Stadtteil Freimann</li><li>Zentrale Lage</li><li>Direkte Anbindung an den (öffentlichen) Nah- und Fernverkehr</li><li>In der Nähe der Isar und des Englischen Gartens</li></ul>
Begründung	<u>Umgebungspotential</u><ul><li>Namenhafte Firmen</li><li>Potentielle Kooperationspartner</li></ul><u>Räumlichkeit und Lage</u><ul><li>16,37€ pro qm^2</li><li>Umliegendes Gewerbegebiet</li></ul><u>Infrastruktur</u><ul><li>Hervorragende Erreichbarkeit mit Auto, Bus und Bahn</li><li>Parkmöglichkeiten</li><li>Umliegende Bars und Hotels</li></ul>

Als Standort der Unternehmensberatung wurde die Domagkstraße 33 in München ausgewählt. Die Landeshauptstadt zählt mit ungefähr 1,6 Millionen Menschen zu der drittgrößten Stadt der Bundesrepublik (Landeshauptstadt München, 2020). Neben der Bevölkerungsanzahl floriert die Zahl der dort ansässigen Firmen. In dem umliegenden Einzugsgebiet der Adresse befinden sich Zweigstellen von internationalen Unternehmen wie Osram, Microsoft oder Amazon. Doch nicht nur branchenübergreifende, sondern auch sportorientierte Unternehmen liegen in unmittelbarer Umgebung. Sportinstitutionen wie der FC Bayern München, der TSV 1860 München und die SPVGG Unterhaching (Fußball) oder die Munich Cowboys (American Football) befinden sich im direkten Umfeld. Zudem bietet München ein breites Angebot an Fitnessstudios, wie zum Beispiel (z.B.) FitnessFirst, McFit, FitX, Kieser Training oder BodyStreet, bei denen die Gesundheit und körperliche Betätigung der Menschen im Vordergrund steht. Die genannten Unternehmen repräsentieren dabei einen Bruchteil der Institutionen, die durch die standortbezogene Unternehmensberatung in Frage kommen.

Doch nicht nur das Umgebungspotential, sondern auch die räumliche Lage gehört zu einem wesentlichen Faktor der Standortbestimmung. Der Standort gehört zu dem Stadtteil Freimann, liegt mit einem Mietpreis von 16,37€ pro qm^2 in der unteren Hälfte des regionalen Mietpreisspiegels und ist ein Bestandteil des umliegenden Gewerbegebiets (Referat für Stadtplanung und Bauordnung, 2019).

Zuletzt waren die Infrastruktur und Anbindung an den (öffentlichen) Nah- und Fernverkehr wesentliches Element der Standortbestimmung. Im direkten Umkreis befinden sich die Bundesstraßen Mittlerer Ring, Frankfurter Ring und weitere Hauptverkehrswege, die sowohl stadteinwärts als auch stadtauswärts führen. Der Standort ist mit der U-Bahn (U6), dem Bus (Linie 50) und zu Fuß bequem erreichbar. Das Umfeld bietet kostenfreie Parkmöglichkeiten, Tiefgaragen und Parkhäuser. Extern angereiste Geschäftspartner besitzen die Möglichkeit, in umliegenden Hotels (B&B, Motel One, Marriott) unterzukommen und in Bars bzw. Restaurants einzukehren.

Unternehmensform

Gesellschaft mit beschränkter Haftung (GmbH)

Das Unternehmen wird in Form einer GmbH aufgestellt und agieren. Hauptmerkmal bei der Bestimmung war die Grundlage der beschränkten Haftung. Die GmbH gilt als juristische Person und haftet mit ihrem Vermögen. Dadurch ist die persönliche Haftung der Gesellschafter ausgeschlossen (Ampofo, 2016, S. 102). Ein weiteres Kriterium war der Gesellschaftervertrag. Aufgrund der Dispositionsfreiheit wird eine weitestgehend freie Gestaltung der Vertragspunkte gewährleistet (Jula, 2020, S. 5). Damit können, bei einer Vertragsaufsetzung, individuelle Anreize und Vereinbarungen festgehalten werden. Zuletzt wurde die Gesellschafterversammlung als weiteres wichtiges Merkmal im Entscheidungsprozess aufgeführt. Die einzelnen Gesellschafter besitzen pro forma die Möglichkeit, über die Versammlung direkten Einfluss auf die Geschäftsführung zu nehmen (§ 37 I GmbHG). Den Gesellschaften stehen mehr Rechte zu, wodurch sie direkten Einfluss auf die Entwicklung des Unternehmens besitzen.

1.2 Corporate Identity

Name des Unternehmens

FITCOM Consulting GmbH

Der vorliegende Name besteht aus drei eigenständigen Wortlauten: FITCOM, Consulting und GmbH. Die Bedeutung der Begriffe wird nachfolgend erläutert.

Tabelle 2: Herleitung der Namensbedeutung (eigene Darstellung)

Begriff	Bedeutung
FITCOM	FIT Repräsentiert sowohl den Bezug zur Sport- und Fitnessbranche (Ansatz: Fitness oder fit werden) als auch den Standpunkt im Beratungsbereich fit zu sein COM Abkürzung für „Company" (deutsch: Unternehmen)
Consulting	Das englische Pendant für den Begriff einer Beratung; In Verbindung mit Company wird der Zusammenhang zur Unternehmensberatung geschaffen
GmbH	Gesellschaft mit beschränkter Haftung; Abkürzung der eingetragenen Gesellschaftsform

<u>Logo und Design</u>

Abbildung 1: Logo der FITCOM Consulting GmbH (eigene Darstellung)

Der Schriftsatz des Logos besteht aus dem Namen der Gesellschaft, einem Piktogramm und dem Slogan „Be better with us", der nachfolgend noch genauer betrachtet wird. Bei der Gestaltung wurden zwei Farben ausgewählt. Während sich schwarz auf die reguläre Schriftfarbe von Dokumenten bezieht, symbolisiert die grüne Farbgebung Gesundheit, Stabilität und aktives Handeln (Austin, 2020). Die Farbgebung soll zum Ausdruck bringen, dass sich die FITCOM Consulting GmbH mit der Leistungsfähigkeit von Unternehmen und der Gesundheit des Menschen befasst.

Im Zentrum der Unternehmensberatung stehen Prozesse, die durch proaktives Handeln dazu beitragen, die Leistung und Gesundheit zu optimieren. Das linksbündige Piktogramm repräsentiert die Vernetzung von verschieden Interessensgruppen. Damit wird die Marktpositionierung des Unternehmens verdeutlicht. Die Gesellschaft ist optimal vernetzt, vertritt verschiedene Firmen und ist durch die hervorragende Verbindung zu einer Vielzahl von Experten in der Lage, die beste Unternehmensberatung auf dem Markt anzubieten.

Slogan

„Be better with us"

Der dargestellte Slogan steht für die Verbesserung und Optimierung durch die Unternehmensberatung („Seien Sie mit uns besser"). Dabei soll auf keinen Fall die Leistung der zu beratenen Unternehmen oder die Arbeitsweise potenzieller Mitbewerber diskreditiert werden. Vielmehr soll der Slogan das Alleinstellungsmerkmal darstellen: Die professionellste Beratung auf dem Markt. Durch die Aufteilung des Spruchs werden die beiden Kerninhalte verdeutlicht. Mit „besser sein" wird die kontinuierliche Optimierung von Prozessen und die qualitative Leistungserbringung beider Partner dargestellt. Der zweite Teil – „mit uns" – schafft einen direkten Berührungspunkt zwischen der FITCOM Consulting GmbH und dem potenziellen Unternehmen. Zuletzt soll durch die „freche" Schreibweise erreicht werden, dass die Verbindung zur Sport- und Dienstleistungsbranche geschaffen wird. Viele Dienstleister, unter anderem Fitnessstudios, werben mit ähnlichen Maßnahmen. Dabei wird dem Kunden eine entsprechende Leistung angeboten, durch die er besser wird (in Form von Trainingsfortschritten).

1.3 Teamentwicklung

Im Zuge der Teamentwicklung rückt das Vier-Phasen-Modell nach Tuckman (1965) in den Mittelpunkt. Das Modell beschreibt die unterschiedlichen Zustände innerhalb einer Gruppe. Die einzelnen Phasen bauen aufeinander auf und gelten für einen Entwicklungsprozess einer Gruppe. Die einzelnen Abschnitte werden in der folgenden Darstellung verdeutlicht.

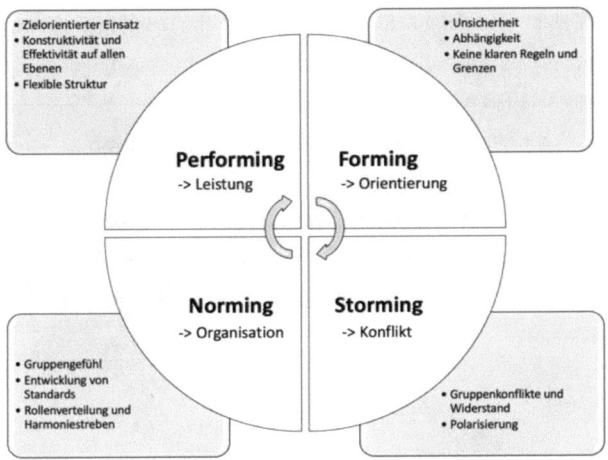

Abbildung 2: Phasen der Teamentwicklung nach Tuckman (1965)

Die folgenden Fragestellungen sollen nun dabei helfen, die jeweilige Teamsituation einem Teamentwicklungsgrad einzuordnen. Ausgangspunkt ist die Betrachtung des außenstehenden Sportökonomen.

Forming

1. Welche Regeln und Rahmenbedingungen müssen festgelegt werden?
2. Worin liegen die Stärken und Schwächen der Mitarbeiter?
3. Welche Rolle nehmen die einzelnen Mitarbeiter im Team ein?

Storming

1. Wer sieht sich selbst als „Anführer" der Gruppe und versucht die anderen Mitarbeiter zu beeinflussen?
2. Wie können die bestehenden Diskrepanzen dazu genutzt werden, die Leistungsfähigkeit der Gruppe zu steigern?
3. Wie finde ich einen Kompromiss, der alle beteiligten Parteien zufriedenstellt?

<u>Norming</u>
1. Durch welche Handlung kann die Atmosphäre im Team noch weiter gesteigert werden?
2. Wie denkt das Team über den folgenden Vorschlag?
3. Wer im Team kann helfen, diese Aufgabe am besten zu lösen?

<u>Performing</u>
1. Welche Problemlösungstechniken können angewandt werden?
2. Wie kann ich den vorliegenden Sachverhalt am effektivsten lösen?
3. Wird noch mit der notwendigen Effektivität gearbeitet oder müssen Prozesse angepasst werden?

2 A2: Sportmanagement

Grundlage ist die zuvor charakterisierte Unternehmensberatung. Die angebotenen Dienste werden im Bereich „Sportmanagement" von dem Adidas AG Headquarter in Anspruch genommen. Zuerst werden strategische Merkmale der ausgewählten Sportinstitution betrachtet. Anhand des geschaffenen Unternehmensporträts wird anschließend ein Aufgaben- und Anforderungsprofil erstellt, welches von einem Sportökonom bzw. Manager in der Institution zu bewältigen ist. Im Anschluss an die Profilerstellung werden sowohl Stärken und Schwächen als auch Chancen und Risiken der Adidas AG charakterisiert. Die Bildung qualitativer und quantitativer Oberziele für die kommenden drei bis fünf Jahre führt dazu, dass im letzten Schritt messbare Unterziele für das nachfolgende Geschäftsjahr aufgestellt werden.

2.1 Unternehmensporträt der Adidas AG

<u>Historie</u>

Die Adidas AG wurde am 18. August 1949 von Adi Dassler in Herzogenaurach gegründet (Adidas, 2020). Im selben Jahr ließ er das Produkt und das Markenkennzeichen „die drei Streifen" eintragen. Der Bekanntheitsgrad der kleinen Sportschuhfabrik stieg durch das Wunder von Bern rasant an. 1967 war es dann so weit.

Mit einem Tracksuit von Franz Beckenbauer brachte die Marke nicht nur das erste Bekleidungsprodukt auf den Markt, sondern konnte auch den ersten Profisportler unter Vertrag nehmen (Adidas, 2020). Ein neues Geschäftsfeld wurde erschlossen. Im Laufe der Jahre schenkten immer mehr Hochleistungssportler und Konsumenten ihr Vertrauen der Firma. Infolge der Olympischen Spiele 1972 wurde das Dreiblatt als zukunftsfähiges Logo von Adidas vorgestellt. Nach kontinuierlicher Entwicklung verstarb 1989 der letzte Dassler (Horst, Sohn von Adi Dassler) und das Unternehmen stand in den nachfolgenden Jahren am Rande des kompletten Zerfalls. Durch eine rasante Kehrtwende und eine neue Ausrichtung begab sich Adidas zurück auf die Erfolgsspur, sodass 1995 der Börsengang ermöglicht werden konnte. Seit der Umwandlung in eine Aktiengesellschaft steht Adidas vor allem für eins: Innovation (Adidas, 2020). Mit der innovativen Gestaltung und marktorientierten Ausrichtung im Sportsegment hat sich die Adidas AG als renommierter Sportartikelhersteller etabliert.

Gegenwärtige Strategie / Leitbild

„Create the New"

Jede Handlung hat ihren Ursprung im Sport. Sportliche Aktivität ist elementarer Bestandteil für die Gesundheit und das Wohlbefinden der Menschheit. Das Unternehmen will, durch die steigende Präsenz von Sport im Alltag der Menschen, neue Maßstäbe setzen. Dieses Leitbild treibt die Adidas AG dazu, im Bereich von Produkten, Erlebnissen und Dienstleistungen nach neuen Wegen zu suchen, um die Wachstumschancen der Sportbranche weiter zu verbessern. Aufgrund der Tatsache, dass die Gesundheit des Einzelnen entscheidend ist, will das Unternehmen das Leben durch Sport positiv verändern, die Menschen inspirieren und sie dazu befähigen, die bestmögliche Leistung zu erbringen (Adidas, 2020).

Geschäftsplan / Mission

Hinter dem Leitbild steht nicht nur eine Einstellung, sondern eine konkrete „Drei-Säulen-Strategie" (Adidas, 2020):

- **Speed – wie wir liefern:** Den best- und schnellstmöglichen Service für die im Zentrum stehenden Konsumenten schaffen.
- **Cities – wo wir liefern:** In globalen Metropolen Präsenz zeigen, Marktanteile gewinnen und sowohl Trends als auch die Urbanisierung nutzen.
- **Open Source – wie wir kreieren:** Im Mittelpunkt stehen Zusammenarbeit, Innovation, kontinuierliches Lernen und lebhafter Austausch von Informationen.

Mit Hilfe dieser drei Säulen soll eine unwiderrufliche Verbindung zwischen der Marke und den Konsumenten entstehen. Das Unternehmen verspricht sich durch die steigende Attraktivität eine Gewinn- und Umsatzsteigerung (Adidas, 2020).

Mitarbeiter und Karriere

Das Adidas keine kleine Sportschuhfabrik mehr ist, konnte bereits durch die historische Entwicklung festgestellt werden. Heutzutage beschäftigt das Unternehmen ungefähr 60.000 Mitarbeiter aus über 100 Nationen rund um die Welt. Die Geschlechterverteilung innerhalb des Unternehmens ist ausgeglichen und das Durchschnittsalter liegt bei 30 Jahren (Adidas, 2020). Bei der Mitarbeiterkultur wird vor allem auf die 3 C's gesetzt: Confidence, Collaboration und Creativity, oder anders ausgedrückt: Vertrauen, Zusammenhalt und Kreativität. Die kulturelle Vielfalt im Unternehmen bedingt den Erfolg. Aufgrunddemografischer Unterschiede werden die unterschiedlichsten Ideen, Interessen und Stärken der Mitarbeiter integriert. Adidas bietet potenziellen Mitarbeitern verschiedene Einstiegsmöglichkeiten. Ob Praktikum, unternehmensinternes Trainee Programm, Ausbildung oder duales Studium, die Bandbreite ist groß (Adidas, 2020). Sobald die Karriere bei Adidas begonnen hat, werden dem Mitarbeiter weitere Unterstützungsmöglichkeiten und Leistungen unterbreitet: Entwicklungsprogramme, Seminare, Tagungen. Das Unternehmen wirbt außerdem mit einer hervorragenden Work-Life-Balance, ergonomischen Arbeitsplätzen und einer hohen Arbeitsplatzvielfalt.

Neben der Zentrale in Herzogenaurach, besitzt die Firma Hauptsitze in Amsterdam, Portland, Boston, Shanghai, Hong Kong und Panama. Im vergangenen Geschäftsjahr wurde ein Umsatz von 23,6 Milliarden Euro erwirtschaftet und ein Wachstum von 11,3% erzielt (Adidas, 2020). Der Gewinn betrug 1,9 Milliarden Euro. Das Stichwort im Finanzbereich war Innovation. 77% des Umsatzes wurden aus neuen Produkten generiert. Zusätzlich wurden 152 Millionen Euro in den Forschungs- und Entwicklungsbereich investiert. Die Fabriken des Unternehmens produzierten 2019 1,1 Milliarden Produkte (Adidas, 2020). Im Hinblick auf den Aktienpreis der Gesellschaft ist wieder Normalität eingekehrt. Nach einem rapiden Absturz von 280€ auf 170€ (bedingt durch die weltweite Corona-Pandemie) hat sich der Kurs bei ca. 200€ stabilisiert (ARD, 2020). Momentan befinden sich rund 200 Millionen der Adidas-Aktien im Umlauf (Adidas, 2020).

2.2 Aufgaben- und Anforderungsprofil an Sportökonomen/-Manager

Innerhalb der AdidasAG gibt es unzählige Bereiche, in denen ein Sportökonom mit entsprechenden Qualitäten mitwirken kann. Jeder dieser Geschäftsbereiche hat verschiedene Qualitäten zu bieten. Um einen hohen Konkretisierungsgrad von Aufgaben und Anforderungen zu erreichen, beziehen sich der folgende Absatz ausschließlich auf den Bereich „Marketing und Vertrieb". Dabei wird jeweils eine Aufgabe genannt, die mit der Erfüllung des Anforderungsprofils umgesetzt werden kann.

Tabelle 3: Aufgaben- und Anforderungsprofil (eigene Darstellung)

Aufgabe	Anforderung(en)
Kundenakquise	Eloquente Ausdrucksweise, Extrovertiert, Kenntnisse von CRM-Systemen
Vertragserstellung und Konzipierung	Kenntnisse über Vertragsstrukturen, Paragrafen und die Rechtsgrundlage
Vertragsverhandlungen	Anwendung der situativ richtigen Verhandlungsstrategie, selbstbewusstes Auftreten vor dem Vertragspartner
Vermarktung eines neuen Sportartikels oder einer neuen Kollektion	Kenntnisse über Vermarktungsstrategien (on- und offline) und Wettbewerbsanalysen
Webdesign bzw. Grafikdesign im Online Marketing	Kenntnisse mit Bildbearbeitungsprogrammen (Lightroom, Lumix) und / oder CMS-Systemen (Wordpress)

2.3 SWOT-Analyse

Eine kontinuierliche Bestandsaufnahme und Reflektion bestehender Ergebnisse ist für ein Unternehmen, wie es die Adidas AG ist, essenziell. Nachfolgend werden momentane Stärken, Schwächen, Chancen und Risiken dargestellt.

Tabelle 4: Vereinfachte Darstellung der SWOT-Analyse innerhalb der Adidas AG (eigene Darstellung)

Stärken:	Schwächen:
• Umsatzgenerierung und Wachstum • Starke und innovative Produktionskette • Markenpositionierung und Online-Präsenz	• Artikelpreise im Vergleich zur Konkurrenz • Online-Kundenservice bei Produktfragen • Kostenstruktur
Chancen:	Risiken:
• Kontinuierliche Erweiterung der Produktpalette • Erschließung von neuen Marktbereichen (Diversifikation) • Kundenservice verbessern durch technologische Innovationen	• Wandel in der Sport- und Lifestyle-Branche • Zunahme von Steuerabgaben • Neue Konkurrenten (aus ausländischen Märkten)

2.4 Quantitative und qualitative Oberziele der Adidas AG

Quantitative Oberziele
1. Steigerung des Markenwerts um 35 % in den nächsten 48 Monaten
2. Expansion und Ausbau der Unternehmensstandorte um 20% innerhalb der nächsten 42 Monate

Qualitative Oberziele
1. Steigerung der Online-Präsenz um 20% in den kommenden 36 Monaten
2. Steigerung der Produktzufriedenheit um 20% innerhalb der nächsten 42 Monate

2.5 Unterziele der Adidas AG für das kommende Geschäftsjahr

Quantitative Unterziele:

1. Den Umsatz von 23,640 Milliarden Euro auf 26,004 Milliarden Euro steigern (10% Wachstum)
2. Steigerung der Mitarbeiteranzahl auf 62.500 (5% Wachstum)

Qualitative Unterziele

1. Erweiterung des Angebotes im Online-Shop um 8% (neue Produktpalette, zusätzlichen Lifestyle-Produkte und Rabattaktionen)
2. Steigerung der Kundenzufriedenheit um 10% (Messinstrument ist ein individualisierter Bogen mit Fragen zum Produkt, der Qualität und dem Kundenservice; Bewertung auf einer Skala von 1 – 10; Auswertung und nachfolgende Anpassung des Feedbacks durch innovative Prozesse)

3 Literaturverzeichnis

Adidas. (2020). *Führung und Weiterentwicklung.* Zugriff am 17.05.2020. Verfügbar unter https://www.adidas-group.com/de/karriere/fuhrung-und-weiterentwicklung/

Adidas. (2020). *Geschichte.* Zugriff am 17.05.2020. Verfügbar unter https://www.adidas-group.com/de/unternehmen/geschichte/

Adidas. (2020). *Profil.* Zugriff am 17.05.2020. Verfügbar unter https://www.adidas-group.com/de/unternehmen/profil/

Adidas. (2020). *Strategie.* Zugriff am 17.05.2020. Verfügbar unter https://www.adidas-group.com/de/unternehmen/strategie-im-ueberblick/

Ampofo, A. (2016). *Betriebswirtschaftliche Grundlagen für Mediziner und medizinisches Fachpersonal.* Wiesbaden: Springer Gabler.

ARD. (2020). *Börse.* Zugriff am 17.05.2020. Verfügbar unter https://kurse.boerse.ard.de/ard/kurse_einzelkurs_uebersicht.htn?i=96056

Austin, S. (2020). *Globales Branding: Farben und ihre kulturell geprägte Bedeutung.* Zugriff am 16.05.2020. Verfügbar unter https://blog.amplexor.com/de/globales-branding-farben-und-ihre-kulturell-gepragte-bedeutung

Jula, R. (2020). *Der GmbH-Gesellschafter. GmbH-Gründung, Rechte und Pflichten, Haftungsrisiken, Ausscheiden und Abfindung.* (4. Aufl.). Berlin: Springer.

Landeshauptstadt München. (2020). *Bevölkerung.* Zugriff am 15.05.2020. Verfügbar unter https://www.muenchen.de/rathaus/Stadtinfos/Statistik/Bev-lkerung.html

Referat für Stadtplanung und Bauordnung. (2019). Mietpreise für Wohnungen in München im Jahr 2018 unterteilt nach Bezirken. In Statista. Zugriff am 16.05.2020, von https://de.statista.com/statistik/daten/studie/260438/umfrage/mietpreise-in-muenchen-nach-bezirken/

Tuckman, B. W. (1965). Developmental sequence in small groups. *Psychological Bulletin*, 63(6), 384-399.

4 Abbildungs- und Tabellenverzeichnis

4.1 Abbildungsverzeichnis

Abbildung 1: Logo der FITCOM Consulting GmbH (eigene Darstellung) 6

Abbildung 2: Phasen der Teamentwicklung nach Tuckman (1965) 8

4.2 Tabellenverzeichnis

Tabelle 1: Standortbestimmung der Unternehmensberatung (eigene Darstellung) 3

Tabelle 2: Herleitung der Namensbedeutung (eigene Darstellung) 6

Tabelle 4: Aufgaben- und Anforderungsprofil (eigene Darstellung) 12

Tabelle 5: Vereinfachte Darstellung der SWOT-Analyse innerhalb der Adidas AG

(eigene Darstellung) 13